D1246870

Trenes

Julie Murray

ABDO
MEDIOS DE
TRANSPORTE
Kids

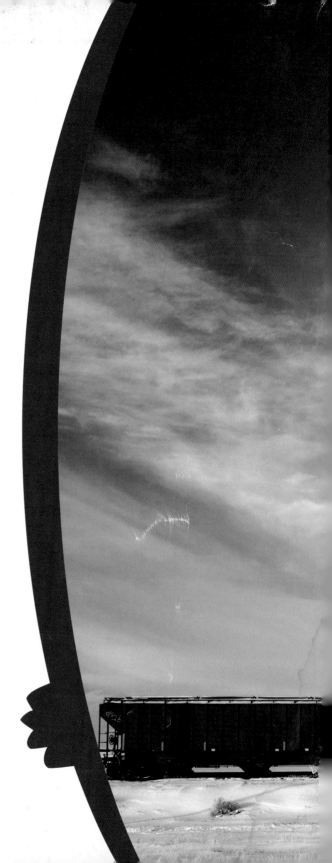

Visit us at www.abdopublishing.com

Published by Abdo Kids, a division of ABDO, PO Box 398166, Minneapolis, Minnesota 55439.

Copyright © 2015 by Abdo Consulting Group, Inc. International copyrights reserved in all countries. No part of this book may be reproduced in any form without written permission from the publisher.

Printed in the United States of America, North Mankato, Minnesota.

072014

092014

 THIS BOOK CONTAINS RECYCLED MATERIALS

Spanish Translators: Maria Reyes-Wrede, Maria Puchol

Photo Credits: Shutterstock, Thinkstock, © User:JIP/Wikimedia Commons/CC-BY-SA-3.0 p.13

Production Contributors: Teddy Borth, Jennie Forsberg, Grace Hansen

Design Contributors: Dorothy Toth, Laura Rask

Library of Congress Control Number: 2014938865

Cataloging-in-Publication Data

Murray, Julie.

[Trains. Spanish]

Trenes / Julie Murray.

 p. cm. -- (Medios de transporte)

ISBN 978-1-62970-376-3 (lib. bdg.)

Includes bibliographical references and index.

1. Trains--Juvenile literature.   2. Spanish language materials—Juvenile literature.   I. Title.

625.1--dc23

2014938865

Contenido

Trenes

¡Chu! ¡Chu! Suena el silbato.

El tren se mueve por las vías.

4

Los trenes llevan gente y **productos** de un lugar a otro.

Partes de un tren

La parte delantera del tren se llama **locomotora**. Lleva el motor y tira de los vagones.

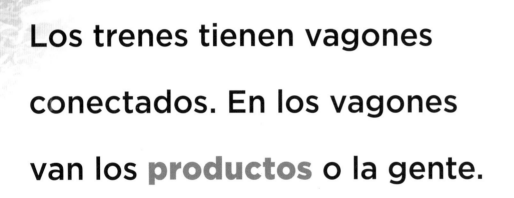

Los trenes tienen vagones conectados. En los vagones van los **productos** o la gente.

11

Diferentes tipos de trenes

En los trenes de **pasajeros** viajan las personas. Se puede comer y dormir en algunos trenes.

12

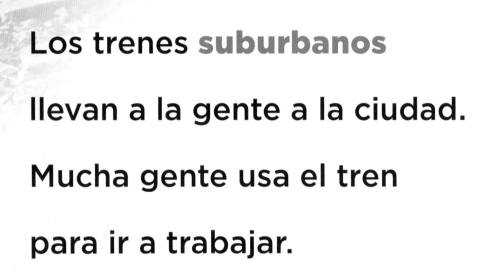

Los trenes **suburbanos**

llevan a la gente a la ciudad.

Mucha gente usa el tren

para ir a trabajar.

14

Un metro es un tren que va por debajo de la tierra. Muchas ciudades grandes tienen metro.

17

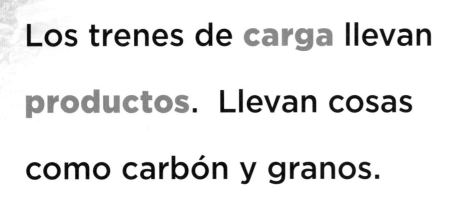

Los trenes de **carga** llevan **productos**. Llevan cosas como carbón y granos.

18

19

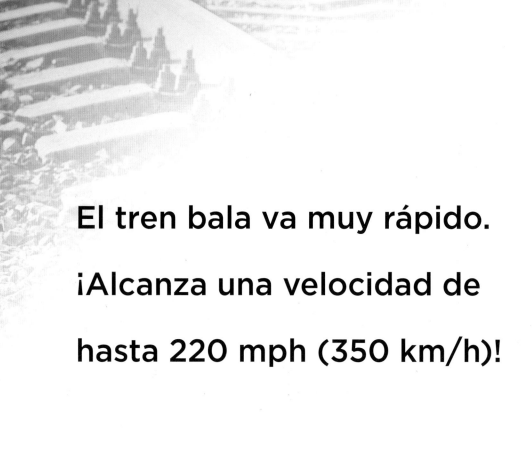

El tren bala va muy rápido.

¡Alcanza una velocidad de

hasta 220 mph (350 km/h)!

21

Más datos

- La estación central de trenes de Nueva York tiene más andenes que cualquier otra estación del mundo.

- En Estados Unidos los trenes se usan principalmente para transportar productos.

- Los trenes de carga de los Estados Unidos miden aproximadamente 1.2 millas (2 km) de largo, con 70 vagones que pesan 3,000 toneladas (2,721, 550 kg).

- Los primeros trenes fueron tirados por caballos.

Glosario

(tren de) **carga** - tren que transporta productos o carga.

locomotora – vagón con motor que se usa para tirar o empujar trenes o vagones.

(tren de) **pasajeros** – tren que lleva personas. Los pasajeros son personas que quieren ir de un lugar a otro.

productos – mercancía que se transporta.

(tren) **suburbano** – tren que lleva pasajeros habitualmente de un lugar a otro.

23

Índice

abdokids.com

¡Usa este código para entrar a abdokids.com y tener acceso a juegos, arte, videos y mucho más!

Código Abdo Kids:
TTK0823